AF339790

LE
COUP DE SABRE

OU

L'EMPIRE DE SATAN,

PAR

AUG. BARBET.

Prix : **20** centimes.

PARIS,

GARNIER FRÈRES, LIBRAIRES,

215, Palais-National (ci-devant Palais-Royal), et 10, rue Richelieu.

AU BUREAU DU PEUPLE CONSTITUANT,

RUE MONTMARTRE, 154.

—

1848

LE
COUP DE SABRE

ou

L'EMPIRE DE SATAN.

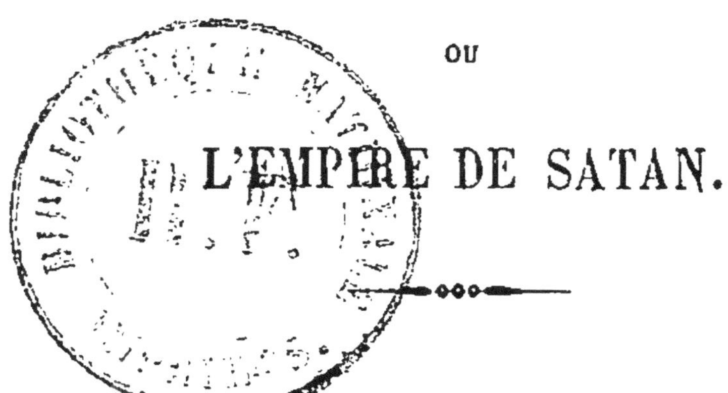

BIBLIOTHÈQUE (library stamp)

Satan règne ! nous l'avons vu sur l'Europe secouer ses ailes sanglantes. Sa main, armée d'un glaive, protégeait la Faim, monstre, ulcère des peuples, que le christianisme cherchait à étouffer dans ses puissantes étreintes.

Les rois, ces enfants de l'ange des ténèbres, avaient fui de leur trône. Les peuples, cette proie toujours dévorée et toujours renaissante, leur échappait, lorsque le maudit de Dieu, dont ils tiennent leur sceptre, reprit les rênes de son empire, et les étendit de nouveau sur la croix.

Satan règne donc ! Aussi quels gouvernements pèsent aujourd'hui sur l'Europe ? En France, dans les régions officielles rien n'annonce la présence de Dieu. Les vivants, dont « les jours ne sont pas encore comptés, » descendent dans la tombe, et les morts se réveillent. La nuit, enveloppés de leur linceul, ils se promènent tristement dans notre cité désolée : c'est un père qui cherche un fils, c'est un frère qui cherche un frère ; mais à ce contact le suaire se couvre de sang, et l'habitant des tombeaux fuit épouvanté en s'écriant : Satan, qu'as-tu fait de mon fils ? Satan, qu'as-tu fait de mon frère ? — Au chant de l'oiseau a succédé le roulement continu du tonnerre. Les colombes des Tuileries ont abandonné leur doux nid au lugubre corbeau, qui, sur la branche où respiraient la tendresse et l'amour, déchire les chairs palpitantes de quelque victime. Là où s'exhalaient de toute part les parfums de l'oranger, on ne respire que soufre ; et les poumons du peuple s'ouvrent, s'ouvrent encore, et retombent vides et épuisés sous une atmosphère de plomb.

Eh ! que fait la justice à cette époque de colère ? les plateaux de sa balance ont pour fléau un sabre, et pour contre-poids au droit la force et le bon plaisir des ennemis de la République. De ce plateau inique, les peuples tombent mutilés, pour se débattre dans un cachot ou dans leur misère.

Mais répondez. Quels sont ces cadavres décorés qui, sur ces bancs, semblent attendre le jugement dernier? A de rares exceptions, tous grimacent l'homme, mais ils ne sont pas l'homme; car Dieu les a marqués du signe noir, stigmate des réprouvés. Ils grimacent la vie, mais ils ne sont pas la vie; car Dieu les a privés d'amour et de famille, et s'ils s'accouplent, c'est pour produire, comme ces monstres qui se rencontrent à la fontaine du désert (1). je ne sais quoi d'étrange qui resserre le cœur en le glaçant d'effroi. La créature agréable à Dieu, nous sommes forcés d'en convenir, c'est l'homme-peuple; matrice où doivent se retremper sans cesse les ascensions sociales, sous peine de dégénérer physiquement, spirituellement et moralement. Ce peuple, si dédaigné, est l'âme

(1) Voir Aristote.

et le cœur d'une nation ; malheur à celui qui ne comprend pas cette vérité ; nous le disons, cette erreur le rendra impropre aux grandes choses, cette erreur le tuera.

Par nos nouveaux élus, comment fonder notre jeune gouvernement ; devant eux, comment rédiger une constitution démocratique, que repoussent leur éducation et les croyances de toute leur vie ? Au mot république, les prunelles des hommes monarchiques flamboient ; ils frissonnent au mot égalité, et la fraternité paraît à leur esprit un mot vide de sens.

Le cœur des hommes repus des sueurs du peuple n'est qu'un vaste récipient d'où regorgent les plus sales immondices, immondices dont les émanations engendrent le choléra, ce pourvoyeur de la mort ; immondices qui, comme les acides et le vent du désert, détruisent la voie de vie chez tous les corps sensibles qu'ils touchent. C'est ainsi que les principes monarchiques dessèchent les cœurs à l'endroit des misères et de la dignité du peuple. Oui, depuis des siècles les travailleurs succombent sous la pression de l'égoïsme du riche ; le riche, à son tour, nous en convenons, se débat lui-même contre ses nécessités toujours béantes et le poids de la dette d'État et de l'hypothèque. Les hommes oisifs sont en France représentés par un revenu annuel de 2 milliards 400 millions (1), lorsque les charges générales, — nous les avons développées dans notre précédente brochure *du Peuple*, — s'élèvent à 3 milliards. Qui ne sait apprécier les conséquences résultant de l'inégalité de ces deux chiffres ? —Nous avons aussi indiqué dans notre précédente brochure, par un autre ordre d'idées, tout ce que la situation des travailleurs avait d'anormal.

Mais, comme Balthasar, en attendant le châtiment, le riche de nos jours vit dans les plaisirs et dans l'injustice. Pour fournir à son jeu, accomplir des actions brutales, débaucher la fille de l'artisan, asservir son pays, il emprunte et jamais ne rend ;

(1) Nous avons prouvé dans l'ouvrage *du Peuple depuis Moïse jusqu'à Louis-Philippe*, 2ᵉ volume, l'inexactitude des statistiques du ministère du commerce, sur lesquelles M. Ch. Dupin asseoit tous ses calculs.

ce qui ne l'empêche pas de marcher la tête haute, d'obtenir des décorations et de parvenir aux hautes fonctions publiques. Avec les émoluments il ne paye pas, mais ils lui servent à désaltérer ses créanciers qu'il amuse d'espérances.

Le peuple, au contraire, reste abruti par les entraves apportées au développement de ses facultés spirituelles et l'impossibilité de satisfaire convenablement à ses besoins. Le bonheur fuit constamment devant lui, comme le mirage des sables brûlants devant le voyageur altéré ! S'il se plaint, la pointe d'un sabre menace sa poitrine ; s'il mendie, on l'emprisonne ; s'il veut travailler, on lui ferme l'atelier ; s'il veut emprunter pour entreprendre, on lui ferme la banque ; s'il travaille, s'il entreprend, on incrimine l'accident naturel, les fautes inhérentes à son activité. Lui, le jouet de l'erreur de ses calculs ; lui, la victime des intempéries des saisons ; lui, la victime des années néfastes, d'hommes malheureux comme lui ou d'escrocs, tombe sous le coup d'un certain péché, appelé faillite par l'homme ; péché qui frappe celui qui *a failli*, jusque dans sa famille, pour le présent et l'avenir. — C'est ainsi que, faussant le principe si sage du dogme chrétien, portant la responsabilité après la mort, la moitié du genre humain est tombée à l'état de paria, et que ces familles haletantes, misérables et déclassées, bien que souvent, aux yeux de Dieu, supérieures à leurs juges, ont acquis le droit de maudire leurs semblables (1).

L'agriculture et l'industrie, ces mamelles puissantes auxquelles la vie des hommes est suspendue, n'ont point répondu à l'attente des besoins de notre société. Depuis vingt ans le capital circulant, cet auxiliaire de leur développement, de leur puissance productive, a été employé à des travaux d'utilité publique, contrairement à cette règle impérieuse de l'économie politique,

(1) Nous avons entendu du haut de la tribune législative des hommes, presque toujours des sots, quelques-uns à caractères bilieux, soutenir cette impolitique et immorale législation. Bien plus, un fabricant qui vingt fois manqua de faillir, et qui dut de ne pas le faire, tantôt à sa famille, tantôt à un ami, s'est constamment opposé à cette rectification de notre Code, « que la loi ne doit être sévère qu'à la limite de la banqueroute, — fait de la volonté de l'homme. »

exigeant que, la dépense de l'état de guerre comprise, on ne dispose pour ces travaux que de la part disponible des profits : en France, cette part peut s'évaluer à 180 millions.

Notre vieille société, rongée par les abus, tombe pour ne plus se relever, comme le cadavre sous la pince du ver ; elle est encore défendue, cependant, mais par ces imprudents qui, gaspilleurs du passé, ont, seuls, constamment profité de ses fruits. Ces hommes, endormis par l'ivresse des jouissances, ne s'aperçoivent pas que, comme le rongeur sur le squelette, ils tomberont, épuisés par la faim, sur cette terre dont ils ont si souvent dévoré les épis sans les avoir moissonnés. Par le fait des charges sociales, qu'ils y songent bien, ils marchent, si ce passé continue, aussi fatalement à l'anéantissement de leurs revenus et de l'intérêt en fait d'appropriation de l'immeuble, que leur corps à sa décomposition.

Dans le journal *le Peuple Constituant*, nous nous attachions chaque jour à signaler l'abîme vers lequel notre système financier poussait fatalement la fortune publique et particulière. Sauver le patrimoine du riche, tout en assurant le bien-être du peuple par le crédit et le travail, tel était le problème que nous avions résolu par notre constitution du crédit social, dont, par une suite d'articles, nous devions développer le mécanisme et expliquer les avantages incontestables. Mais sur la lumière est tombé l'éteignoir du pouvoir, et nous avons cessé d'écrire. Sous la République, qui le croira un jour ! Lamennais fut forcé au silence. A nos officiels, il ne faut pas un journalisme qui raisonne, il en faut un qui croasse.

Mais la *gent* gouvernementale devait dépasser la limite du possible dans une République démocratique ; mais on n'est plus en République, Lamennais l'a dit le 11 juillet ; on a poussé l'impudence jusqu'à faire élaborer, proposer, discuter et voter une constitution, la presse bâillonnée et notre capitale sous la pression de l'état de siége. Plus de censure ! dit-on. Oh ! infâme dérision ! — Quinze jours avant la saisie en province, on emprisonnaît nos commissionnaires, on arrêtait nos journaux. A Paris, on les déchirait sur la place publique, et enfin, après avoir suspendu notre feuille, on nous fait attendre deux mois le verdict du jury, afin de ruiner l'entreprise ; et on appelle cet état de choses une République ! Il faut, pour qu'un journal vive, qu'il mente à sa conscience ou qu'il se vende à un parti riche et puissant. Qu'il dise d'une société disloquée, de castes gangrenées et pourries, que tout cela est plein de force, de jeunesse et de vie ; que l'orphelin et le pauvre sont suffisamment protégés par nos lois, des avocats désintéressés, des juges exempts d'esprit de parti, intègres même, et une presse gouvernementale animée de l'esprit de la fraternité ! — Il doit dire : que la loi, en permettant l'incarcération du débiteur, n'élude pas le précepte divin de l'Evangile qui ne veut pas qu'il devienne l'esclave de son créancier ; car en privant l'homme de sa liberté, ne brise-t-on pas les liens de la famille ? n'en compromet-on pas la vie et les mœurs par l'absence de travail et de toute surveillance de la part du chef. — Il doit dire : que la République a vaincu la réaction en juin, et qu'il n'y a pas eu méprise.—Il doit dire : que les citoyens Cavaignac (1) et Lamoricière sont de grands guerriers ; que le citoyen Marie est un nouveau d'Aguesseau, les citoyens Buchez, Marrast, Bastide, etc., d'habiles politiques et de sincères républicains démocrates. Il doit dire : que la hausse sur les valeurs de Bourse intéresse la richesse réelle du pays ; qu'augmenter la dette de l'Etat et en vendre les immeubles, c'est l'enrichir et augmenter son crédit. — Eh bien ! mensonges et impostures que tout cela ! Nous n'avons pas voulu brûler, chaque matin, cet encens pestilentiel devant la vanité de nos immortels, et on a brisé notre plume.

Anathème sur ces insolents ! Des guerriers, des politiques, de grands financiers, et par toute l'Europe le cri de mort ou de servitude à succédé à celui de la liberté,

(1) Après le vote de la constitution, ce général nous a promis de rentrer, comme Sylla, le vainqueur de Jugurtha désarmé, dans la vie privée. Mais, silence, j'oubliais—respect à Abd-el-Kader !

de l'égalité et de la fraternité. Le sang des peuples coule en Pologne, à Varsovie, à Berlin, à Vienne, en Italie, en Irlande; et au lieu de soutenir nos frères, de déployer à la face des rois le drapeau de notre jeune République encore vierge de gloire, on use dans les rues de Paris, en combats sacriléges, l'énergie des enfants de la France.

Les prisons ne suffisent plus au nombre toujours croissant des victimes. Lorsqu'on arrête en masse, c'est tout un peuple qu'il faut charger de fers, car la frayeur porte au délire; et contre des fantômes on passe son temps à fourbir et à charger ses armes. Aussi, avec cette étrange politique, l'état de siége d'une capitale devient forcément un état normal, et la sécurité de ces petits tyrans exige un pacte avec Satan pour les garder contre le peuple, dont ils ne disposent plus du cœur.

Que fait donc le prêtre au milieu de cette tourmente, de cette transformation annoncée du jour où le sang rougit le calvaire? Du haut de la chaire évangélique, comme sur le banc politique, il ne trouva pas une prière pour les vaincus ni une larme pour les condamnés. A ce signe d'indifférence, on reconnaît *que le temps de la rectification du dogme est aussi venu.* Les égouts de Tarquin ne suffisent plus aux boues de Rome ; quelle que soit la taille de l'homme assis dans la chaire de Saint-Pierre, il disparaît (1). L'esprit humain a fait un pas ; les besoins matériels de l'homme ont fait un pas ; il faut que le dogme religieux fasse un pas, et le dogme civil (la constitution) un pas ; qui résistera au mouvement, conséquence du passé, comme développement de l'humanité, sera brisé. Nous avons eu la religion spirituelle et la religion des sens, du courage. Aujourd'hui, nous avons celle du cœur par le socialisme, qu'il ne faut pas confondre, comme nos ennemis ont soin de le faire croire aux faibles, avec le communisme, dont releva primitivement l'esclavage des peuples. On reconnaît le communisme : lorsque l'Etat seul a le droit d'appropriation, et qu'il distribue instruments et travail. — Que le peuple fuie les ateliers de travail offerts par l'Etat ; car là,

(1) Voir Pie IX.

de fait, finit la liberté. Le cheval et le chien ont aussi le toit d'un maître en dehors de leur choix, où le travail et la nourriture sont exactement distribués : mais regardez de l'un les épaules, de l'autre le col; du boucher, examinez la masse et le couteau, et prononcez! — Pour la famille, ils n'en ont point ; elle est ce que veut le bon plaisir du maître. — Qu'on se prépare donc pour une de ces grandes transformations qui font faire à l'humanité un pas vers Dieu ; mais qui commence par laisser dans son sillage des pleurs et de gigantesques débris. — Nous avons mis le passé dans le crible, rien n'en est resté ; mille ans, qu'on ne s'y trompe pas, s'étaient accomplis de Noë à Moïse ; seize cents ans de Moïse à Jésus; et dix-huit cents autres années se sont accomplies de Jésus à Lamennais. — Je suis allé sur la montagne ; j'ai vu, et la lumière m'a dirigé. — C'est un nouveau monde qui commence ; je marche! Lamennais a donné à ce monde une constitution politique ; j'ai partagé avec lui l'œuvre de la constitution du crédit social !

Mais Satan combat l'élu du Seigneur ; la constitution qui devait purifier le charnier des vivants est repoussée et fait place à une œuvre informe, qui, par des articles à sens multiple, masque l'esprit des chartes, ce lit si commode pour les rois ; ce lit sur lequel ils s'endorment en faisant pression sur leurs peuples.

Le préambule d'une constitution se résume en peu de mots ; il ne doit laisser aucun doute sur le caractère, soit monarchique, soit démocrate, qui a dominé à la rédaction. Au reste, voici dans quels termes Lamennais s'exprime ; on pourra comparer avec le préambule de la commission de constitution.

AU NOM DE DIEU.

En présence de l'humanité dans laquelle les peuples sont solidairement unis, comme les membres d'un même corps,

LE PEUPLE FRANÇAIS déclare qu'il reconnaît des droits et des devoirs antérieurs et supérieurs à toutes les lois positives et indépendantes d'elles.

Ces droits et ces devoirs, directement émanés de Dieu, se résument dans le triple dogme qu'expriment ces mots sacrés : Egalité, Liberté, Fraternité. — Ce préambule ne renferme-t-il pas tout le dogme religieux et social d'une société démocratique ; n'est-il pas à lui seul toute la constitution ?

Que l'on compare ce langage avec celui de la constitution présentée au vote de la chambre par la commission : l'un est d'essence divine; l'autre sent le barbare ; l'un fait des démocrates, c'est-à-dire des cœurs désintéressés, généreux ; l'autre des âmes mercantiles et serviles comme les aiment les rois. — Abordons maintenant quelques articles.

La constitution Lamennais assure le droit au travail, logiquement le crédit à intérêt, au profit de la communauté, afin de faire face aux charges sociales dans l'étendue de toutes leurs modifications ; ainsi ce droit au travail par le crédit enrichit l'Etat, il ne le ruine donc pas (1). La constitution élaborée par la commission n'assure ce droit que dans les limites des ressources de la République, livrant tout à l'arbitraire, ce qui en est la négation détournée. Nous ne réclamerons jamais le prêt à intérêt zéro, l'histoire des Hébreux, comme celle des disciples du Christ, les grandes lumières de son Eglise, nous ayant prouvé, par des faits, ce que l'économie politique nous a démontré depuis : que la non-appropriation, le prêt zéro intérêt était la négation non-seulement de la famille et du travail, mais encore un obstacle à la multiplication des fruits. Le prêt zéro intérêt, c'est retourner en arrière, au delà, sans doute, de l'époque de Moïse.

On voit à cette époque, peu avancée en connaissances économiques, le législateur arrêté par une résistance invincible, celle de la raison ; ce qui l'oblige à faire

(1) M. Fresneau reconnaîtra, nous l'espérons du moins, que dans la séance du 5 septembre il a été moins heureux au point de vue humanitaire que contre la République.

intervenir la loi religieuse. Moïse comprend qu'il s'agit d'un *sacrifice*, d'une aumône envers les frères d'une même famille, puisqu'il déclare que le prêt à intérêt est légitime, lorsqu'il s'agit de l'étranger. Le christianisme proclama le même principe ; les Pères de l'Eglise l'ont appuyé par leurs écrits, leur éloquence, et ils n'arrivèrent qu'à un déplorable succès, celui de faire cacher l'argent par les âmes timorées ; ce résultat eut des conséquences si graves sur les transactions, que le prêtre, par des avis officieux, dut admonester les fidèles sur cette manie de conserver ainsi le numéraire au lieu de le prêter à *un intérêt raisonnable* ; disant que c'était un acte agréable à Dieu, puisqu'ils cessaient ainsi de nuire à autrui. — C'est cet intérêt raisonnable que nous atteignons forcément par notre constitution du crédit. Ce système, nous le livrons aux sérieuses méditations de MM. Proudhon et Pierre Leroux. Puisqu'ils s'attachent, en économie politique, aux traditions historiques, nous leur recommandons l'étude de la première vocation de l'ordre des franciscains ; ils trouveront que ces religieux firent des efforts inouïs pour populariser les diverses formules qu'ils évoquent aujourd'hui, et qui n'aboutirent qu'à la négation de la famille et à la·vie de mendiant (1).

La constitution de Lamennais reconstitue la commune de manière que l'électeur des campagnes soit affranchi de l'influence du clocher et du château ; il prépare, ainsi, le siége d'une banque de crédit. Il amène l'électeur au centre des lumières, où des hommes animés par un même intérêt l'instruiront sur l'importance d'un vote intelligent. Cette base de l'élection, pour toute constitution démocratique, a été soigneusement repoussée par la commission.

Nous nous sommes déjà expliqués sur l'article 10 — 4ᵉ de la constitution proposée par la commission.

---

(1) Dans l'histoire religieuse de l'Inde, cesm essicurs trouveront les mêmes enseignements.

L'article 11 de la constitution Lamennais forçait l'électeur à s'instruire ; la constitution rivale peut être au moins accusée d'insouciance.

Lamennais avait combiné le pouvoir du président de manière à ce qu'il lui fût impossible d'en abuser ; la commission n'a pas fait plus pour lui, et elle fait sagement ; mais elle a introduit un vice-président dans la constitution dont elle fait un puissant roi, moins la responsabilité, moins l'hérédité : mais cela viendra pour l'hérédité.

En effet, il y aura deux chambres : celle du conseil d'Etat (on n'a pas osé dire la pairie) et l'Assemblée nationale ; de la première le vice-président en sera de droit président ; président de la chambre souveraine ! que le président de la République devra toujours consulter et respecter dans son *veto*, soit pour préparer les lois, soit comme juge ; ce tribunal étant sans appel. Le président ne commandera pas les armées, mais ce droit n'est point interdit à son inférieur ; bien mieux : il n'est nullement défendu au chef du gouvernement de choisir le vice-président dans sa famille. On ne doit pas perdre de vue qu'une indisposition du président livre tous les pouvoirs de la République au vice-président qui devient ainsi César ! — Qu'en pense-t-on ?

La femme existe-t-elle en France ? On doit en douter, car la constitution de la commission n'en parle pas. L'homme progresse dans son intelligence, dans ses droits, et la femme reste stationnaire ; voilà la justice des hommes. Qu'est-ce en effet que la femme dans notre société ? Elle y joue le rôle d'esclave on d'instrument. Elle satisfait à notre orgueil comme transmission du nom ; et a le singulier honneur de la soumission à nos plaisirs. — La femme, cette noble moitié de nous-même ; cette nourriture de l'esprit, de l'âme et du cœur ; cette source féconde d'où coule l'humanité en procédant par la souffrance ; l'être dont on a fait une mère, une épouse, une fille ou une

sœur, a commencé la vie par être calomniée, devenant ainsi à nos yeux un objet
d'horreur ou de pitié. Le mosaïsme, cette
religion de l'esclave, avait, dans son dogme,
stigmatisé la femme par la fable absurde du
fruit défendu.

Mais comment le chrétien ne s'est-il pas
inspiré de l'esprit de Jésus, défendant la
femme, même dans ses fautes, contre la
brutalité et l'intolérance des hommes. Il
faut cependant que les facultés, les droits
de la femme se développent en même temps
que les facultés et les droits de l'homme,
puisqu'elle a besoin de connaître et de s'impressionner au même point et des mêmes
choses que lui (1). N'est-elle pas le lien
moral comme la transmission de la lumière
au foyer domestique? Si l'homme se perfectionne et que la femme reste à l'état de
brute, il ne peut exister ni plaisir durable ni moral à perpétuer le lien du
mariage, ou alors les mauvaises connaissances et le cabaret seront toujours

(1) Voir notre *Constitution sociale du crédit*, art. 3;
et notre brochure *du Peuple*, page 14, à la note.

là pour aider à supporter l'imprévoyance des lois. La position de la mère est fausse vis-à-vis de ses enfants ; car elle se trouve aussi loin des siens par les facultés spirituelles que l'animal immonde, qu'elle soigne, l'est d'elle par l'intelligence ; et on appelle cela fonder une société démocratique ! En vérité, l'homme ne se corrigera pas ; toujours le même despotisme et le MÊME ORGUEIL.

Pour l'article de la constitution portant interdiction à l'égard de la confiscation des biens, qui ne l'approuverait à l'égard des particuliers ? Il n'en est pas de même lorsqu'il s'agit de la famille qui glisse d'un trône.

En France, par exemple, un roi est-il propriétaire au même titre qu'un particulier ? N'est-on pas en droit, la nation, de rechercher si ces appropriations des Penthièvres, des d'Orléans et des Condé ne sont pas le résultat de la spoliation de quelques fiefs ou de donations au préjudice du domaine public? Cette question est sérieuse ; car elle s'élève à la hauteur d'une question politique qui peut compromettre une partie de notre territoire ou de notre capital monnayé. Pour parler du domaine des d'Orléans, si on venait à le restituer, n'est-il pas vrai que, dépouillé de ses futaies, il dérangerait l'économie de notre combustible et de nos bois de charpente? Si on venait à vendre le sol, le capital monnayé, qui fait déjà défaut aux transactions, passerait à l'étranger pour ne revenir jamais, l'opération se soldant par une remise d'immeubles.

Maintenant, abordons un autre côté de la question politique. Ne sait-on pas ce que cette famille a fait en juin, à Paris, avec 50 millions de réaux empruntés à la reine Christine (1)? Que ne pourrait-elle pas tenter avec une partie du capital que nous venons d'indiquer? Réunir cet apanage au domaine de l'État serait donc juste et lo-

______

(1) Voir notre article du *Peuple Constituant*, journal sous la date du 6 juillet, et qui commence ainsi : « Document pour servir à l'histoire des journées de juin.»

gique ; car en droit social une nation ne peut se suicider. Faites une rente, cela est fraternel, mais rien de plus ; car il y aurait trahison et abus de pouvoirs par la chambre.

Pour bien juger de la sollicitude et de la prévision des travaux de Lamennais pour l'œuvre politique et humanitaire, il faut étudier instantanément ses deux constitutions politique et sociale ; car les deux font un tout parfait : pour les femmes, l'étude, et l'interdiction de tout travail qui oblige à s'éloigner du foyer domestique, ce qui impose l'amour et le respect ; pour l'enfance, les soins de la mère, l'étude et le développement des forces physiques, ce qui prépare l'homme comme outil parfait. Il consulte ainsi ses diverses aptitudes, les manuelles comme celles où les travaux de l'esprit déplacent la force musculaire.

Ces deux questions si importantes de notre économie sociale n'ont point été abordées par la commission de constitution ;

cependant elles auraient dû avoir la priorité, puisqu'elles sont la base de toute société : sans la femme, sans l'enfant, en existerait-il une ? Croit-on que le passé nous ait fait connaître la femme et l'enfant ? L'un et l'autre, par leur abandon, n'ont même pas encore produit un homme ! Ces questions sont donc graves et importantes à résoudre.

Si la lacune que l'on remarque dans le travail de la commission de constitution à l'égard de la femme est funeste à la morale et à l'esprit qui constitue la famille, on reconnait les insinuations de Satan à l'endroit des loisirs de l'enfance et de l'homme. Dans la constitution, silence absolu, l'humanité se tait devant le profit. Mais dans les lois réglementaires que l'on débat, les enfants continueront à travailler dans des ateliers dont l'air est pestilentiel, bien que le développement des forces physiques dans ce milieu soit impossible. — L'homme, de son côté, travaillera plus de onze heures, ce qui dépasse non-seulement ses forces physiques, mais ce qui l'empêche de partager la surveillance du foyer domestique et ses douceurs. Un de nos immortels a défendu, sans doute avec conviction, cette thèse du travail sans fin. La logique lui échappant toujours, nous avons voulu consulter son cœur à défaut de sa tête, dont notre faible vue saisissait difficilement les infimes contours; nous n'avons point été plus heureux, cette artère étant placée entre quatre lattes, qui ne lui permettent point d'expansions extérieures.

— Alors nous avons consulté notre mémoire, et nous pouvons, de 1830, en appeler aux souvenirs de MM. Sénard, Desjobert et Grandin. Ces citoyens n'ignorent pas, puisqu'ils faisaient partie de la commission départementale de la Seine-Inférieure présidée par nous, que maîtres et ouvriers en avaient appelé aux armes pour résoudre la question des heures de travail. Le feu allait s'ouvrir, les armes allaient se relever sanglantes, lorsqu'une de ces inspirations soudaines, qui n'arrivent à l'homme que dans ces graves dangers où il s'inspire de Dieu, fit penser à tous que nous pouvions trouver une solution à la question. Nous fûmes donc chargés de rédiger la police des ateliers. — Les maîtres étaient effrayés, nous restions calmes au milieu de la tempête ; ils voulaient que nous portassions dix heures de travail sur la police, parce qu'ils comptaient sur un meilleur temps pour parler haut, nous en portâmes onze, parce que nous voulions tenir à notre parole. MM. Sénard, Desjobert et Grandin doivent se rappeler que cette conduite loyale manqua de nous coûter la vie, qui fut sauvée par notre fermeté : la sécurité des départements de la Seine-Inférieure, de l'Eure et de la Somme en dépendaient. Les ouvriers nous aimaient ; leur cœur, toujours grand par la simplicité, eut confiance, et il fit bien : les travaux reprirent leur ancienne activité. Les ouvriers ont tenu leur parole ; pour les maîtres, par la question qui s'agite aujourd'hui devant l'Assemblée nationale, nous n'en pouvons dire autant. — Pour revenir sur la foi jurée, on allègue la concurrence avec les autres nations, ce qui oblige, chaque jour, à produire le plus possible, afin de diminuer les charges générales, *aussi de chaque jour* ; on voit qu'en économie nous avons aussi la connaissance pratique.

Eh bien, l'ouvrier peut faire en onze heures de travail ce qu'il fait aujourd'hui en quinze. Qu'on le retienne vingt-quatre heures au lieu de quinze, son produit sera le même ; son activité, il a soin de la diviser par le nombre d'heures fixé à son travail. Nous prendrons un exemple. Qu'on calcule le pignon d'un métier à filer le coton, etc.; il sera facile de se convaincre qu'il doit faire en quinze heures un tiers plus de tours qu'il n'est nécessaire pour la longueur du fil produit.— Pourquoi donc ne pas dire tout simplement à l'ouvrier : En onze heures de travail, le pignon de votre métier fait tant de tours, ce qui donne telle longueur de fil, quantité nécessaire pour couvrir les frais généraux d'un atelier qui marche onze heures ; si vous n'y parvenez pas, impossible de vous occuper, la loi ne me permettant pas de vous tenir quinze heures loin de votre famille et de vous maintenir dans un air et à un mouvement qui tuent l'esprit en même temps que le corps.

Assez! il s'agit jusqu'ici, nous le savons, de partis dont chacun porte sa livrée et son programme de pouvoir, et non de fixer réellement les droits et les devoirs du peuple, qui tient cependant à ne pas porter plus longtemps la marque des affranchis.

Satan rit de tout cela, parce que tout cela nous éloigne du bonheur et de notre ascension vers Dieu. S'il protége le passé, c'est qu'il sera funeste au passé, au présent et à l'avenir. Si on en doute, qu'on en juge par cette conversation surprise :

« Les idées se détachent de leur tige séchée, et le vent les emporte au hasard ; partout changent les notions du droit ; les lois se culbutent sur les lois, les peuples sur les peuples ; c'est un pêle-mêle général. »

« L'Occident se rue sur l'Orient, affaibli depuis des siècles ; on dirait qu'il va l'absorber, le transformer en soi ; mais on se trompe. Son action ne descend pas dans les profondeurs où s'organise l'avenir ; elle s'exerce tout entière à la superficie. L'Orient n'a plus de feuillage, plus de tronc même, plus de végétation apparente ; mais il a toujours dans les entrailles du sol de fortes et vivantes racines. Ce sont les racines, au contraire, de l'Occident qui sont pourries. Rien n'y est établi ; on n'y veut rien de ce que l'on a, et l'on n'a rien de ce qu'on voudrait. Aucun pouvoir qui ne branle, roi aujourd'hui, vagabond demain, et quelquefois pis. Quatre planches sur une fosse, voilà le trône. Mettez donc le pied dessus. Il ne manque pas de gens néanmoins prêts à s'y risquer ; mais aussi, quand les planches craquent, et elles craquent partout, quelles comiques grimaces ! »

« Guerre continuelle, guerre implacable entre les gouvernants et les gouvernés, et entre ceux-ci guerre encore. Toutefois ils se disent frères, c'est reçu (1) ! »

A merveille, Satan ! nous voyons pourquoi tu aimes les rois et que tu tiens à nous les ramener : ce que nous concevons un peu moins, c'est l'empressement qu'ils mettent à se confier aux quatre planches.

Auguste BARBET.

(1) Amschaspands.

Paris. — Imprimerie Schneider, rue d'Erfurth, 1.

BIBLIOTHÈQUE NATIONALE
R. F.
IMP. 1853.

www.ingramcontent.com/pod-product-compliance
Lightning Source LLC
Chambersburg PA
CBHW070826160726
PP18578800001B/46